Glauben heißt Leben

HANS-HORST SKUPY (HRSG.)

Glauben heißt Leben

Aphorismen & Zitate

EVANGELISCHE VERLAGSANSTALT
Leipzig

Die Deutsche Bibliothek – Bibliographische Information
Die Deutsche Bibliothek verzeichnet diese Publikation in der Deutschen
Nationalbibliographie; detaillierte bibliographische Daten sind im Internet
über http://dnb.ddb.de abrufbar.

Glauben heißt Leben. Herausgegeben von Hans-Horst Skupy.
Thematisch zusammengestellt und mit einem Vorwort versehen
von Axel Frey und Danny Walther.

© 2017 by Evangelische Verlagsanstalt GmbH · Leipzig
Printed in Germany

Gesamtgestaltung: Ulrike Vetter, Leipzig
Coverbild: © Benno Hoff / Fotolia
Druck und Binden: BELTZ Bad Langensalza GmbH

ISBN 978-3-374-04844-1
www.eva-leipzig.de

Inhaltsverzeichnis

Zu diesem Buch

Eine Sammlung von Aphorismen zum Thema »Glauben heißt Leben« zwischen zwei Buchdeckel zu packen, ist kein ganz einfaches Unterfangen, gibt es doch ungezählt viele lebenskluge, aber auch provozierende Gedanken, die sich mit dieser grundlegenden Bedingung des Menschseins auseinandersetzen. Wo sich auf der einen Seite die schiere Masse bekannter und weniger bekannter Zitate tummelt, liegt auf der anderen der einzelne Aphorismus selbst, diese Kürzestform der Prosa, deren Ziel es ist, Erkenntnisse und Lebenserfahrungen in prägnanten Formulierungen wiederzugeben. Dass alle Aphorismen »Zeilen ihrer Zeit« (Peter E. Schumacher) sind, ist unmittelbar verständlich, doch gibt es auch hier einen Gegenpol, denn es ist das ausgemachte Ziel jedes Aphorismus, mit wenigen Worten etwas möglichst ewig Gültiges zu sagen.

Dieses Spannungsfeld aus aphoristischer Vielfalt und sprachlicher Einzigartigkeit, aus Ewigkeitswunsch und Zeitgebundenheit, repräsentiert auch dieses Buch. So wurden aus der Vielzahl von Aphorismen aus der Sammlung des Herausgebers etwa dreihundert ausgewählt und zu acht Themenkreisen zusammengestellt. Hierbei finden sich neben unerwarteten Gedanken natürlich auch solche, die dem Leser die Freude des Wiedererkennens bereiten. Darüber hinaus gestatten sie es aber zugleich, individuelle Erfahrungen zu reflektieren und den eigenen Wissensschatz zu aktualisieren. So gesehen ist die Beschäftigung mit Aphorismen immer auch eine Beschäftigung mit sich selbst, ist lesende Selbstvergewisserung und Infragestellen des scheinbar Bekannten in einem.

Um dies zu erreichen, wurden die Aphorismen innerhalb der einzelnen Themenkreise so angeordnet, dass Altbewährtes neben noch Unbekanntem steht und neue und überraschende Einsichten im Umkreis von bereits vertrauten auftauchen. Es ist somit kein Zufall, sondern pure Absicht, wenn sich in dem vorliegenden Buch das Zitat eines Mystikers fast unmittelbar neben dem eines Astronauten wiederfindet. Beide reflektieren Gründe für die Gottesferne des Menschen. Für den Astronauten ist es die fragile Technik bei den Unwägbarkeiten des Fluges ins All, die seine ganze Aufmerksamkeit beansprucht, für den Mystiker die Unvollkommenheit von Zeit und Raum, die er im Gegensatz zur Einheit Gottes als »Stückwerk« empfindet. Und so überdauern manche Erkenntnisse nicht nur die Zeiten, sondern auch den Raum, sie sind, wenn man so will, all-gemeingültig. Solcherart Ideen Ausdruck zu verleihen und sie in wenige, einprägsame Worte zu fassen, ist, wie schon gesagt, eine der wesentlichsten Qualitäten des Aphorismus. Wobei es erstaunt, wie wenig sprachlicher Eingriff nötig ist, um aus sicherer, gern zitierter Wahrheit: »Der Mensch denkt, Gott lenkt« (nach Sprüche Salomos, 16,9), das beinah schiere

Gegenteil zu schaffen: »Der Mensch denkt, dass Gott lenkt« (Walter Hilsbecher), ohne dass, je nach weltanschaulichem Standort, die jeweilige Plausibilität verlorengeht. Solche zum Teil scheinbaren, zum Teil aber auch tatsächlichen Widersprüche finden sich in allen Kapiteln dieses Buches und machen, entsprechend angeordnet und gegenübergestellt, einen wesentlichen Reiz der Lektüre aus.

Es verwundert sicher nicht, dass angesichts des 500. Reformationsjubiläums Martin Luther und der Reformation ein eigenes Kapitel gewidmet ist. Auch wenn die Aussagen von Luther selbst und noch mehr die Auseinandersetzung um ihn und seine Reformationsbestrebungen meist einen eher derben Sprachduktus annehmen und weniger dem fein- und oft hintersinnigen Aphorismus zuneigen, so hat ihre Aufnahme doch ihre Berechtigung und ihren Wert – nicht allein als historisches Zeugnis, sondern auch als Erinnerung, nicht nur dem einfachen Volke, sondern auch den Gebildeten immer wieder ›aufs Maul‹ zu schauen.

Glauben heißt Leben, aber Leben, das zeigt sich überall in diesem Buch, heißt ebenso Glauben. Die Auseinandersetzung mit dem Glauben und dem Leben, mit Religion und Geschichte, dem Schöpfer und seinen Geschöpfen findet sich in allen Aphorismen wieder, wobei die Formen variieren und von ernsthaft über humorvoll bis hin zu sprachspielerisch reichen. Dennoch sollen die vorliegenden Aphorismen keine »vorverdauten Weisheiten« sein, wie der amerikanische Schriftsteller Ambrose Bierce das Genre einst charakterisierte, sondern im besten Sinne zu eigenen Gedanken und Überlegungen anregen. Dies nicht zuletzt auch deshalb, weil das Wort »Aphorismus« sowohl Bestimmung wie auch Begrenzung bedeutet. Doch ist damit keine geistige oder räumliche Enge gemeint, im Gegenteil: Die Wurzel des griechischen Wortes Aphorismus heißt »Hóros«, wovon sich wiederum das Wort »Horizont« ableitet. Es ist – neben der hoffentlich guten Unterhaltung und dem puren Lesegenuss – deshalb eine der Hoffnungen dieses Buches, dass die hier ausgewählten Aphorismen den Horizont hie und da ein wenig erweitern und die Welt mal in einem bekannten und dann wieder in einem fremden, aber überdenkenswerten Licht erscheinen lassen. Dies wünschen

der Herausgeber Hans-Horst Skupy
sowie die Bearbeiter Axel Frey & Danny Walther

Schöpfung & Geschöpf

Im Allgemeinen betet der Mensch nicht gern.
Er empfindet dabei leicht eine Langeweile,
eine Verlegenheit, einen Widerwillen,
geradezu eine Feindseligkeit.

Romano Guardini (1885–1968),
Religionsphilosoph

Der Mensch denkt, Gott lenkt.

nach Sprüche Salomos, 16,9

Der Mensch denkt, dass Gott lenkt.

Walter Hilsbecher (1917 – 2015), Schriftsteller und Rundfunksprecher

Der Mensch – geschaffen
als Spielzeug Gottes.

Platon (428/427 – 348/347 v. Chr.), Philosoph

Gott gebraucht seine Werkzeuge, wie er will.

John Henry Newman (1801–1890), Kardinal

Gott würfelt nicht.

Albert Einstein (1879 –1955), Physiker

Gottes Weisheit und der Menschen Torheit
regieren die Welt.

Deutsches Sprichwort

Der Herrgott muss die einfachen Menschen lieben.
Er hat so viele geschaffen.

Abraham Lincoln (1809–1865), 16. Präsident der USA

Gott denkt in den Genies,
träumt in den Dichtern
und schläft in den übrigen Menschen.

Peter Altenberg (1859–1919), Schriftsteller

Kein Weltgeist, kein Dämon regiert die Welt:
was je Gutes oder Böses über die Menschen
gekommen ist, haben die Menschen gemacht.
Gott hat ihnen den freien Willen gegeben
und ihr Schicksal in ihre Hand gelegt.

Adalbert Stifter (1805–1868), Schriftsteller und Pädadgoge

Ob es Gott gibt oder nicht, ist keine Frage.
Der Mensch darf auf jeden Fall
nur in der Weise leben,
als gäbe es ihn.

Imre Kertész (1929 – 2016), Schriftsteller

Jeder Mensch ist, wie der Himmel ihn gemacht hat –
und manchmal eine gehörige Portion schlechter.

Miguel de Cervantes (1547 – 1616), Schriftsteller

Der Mensch kann keinen Wurm erschaffen,
aber er schafft sich Dutzende von Göttern.

Michel de Montaigne (1533 – 1592), Essayist und Philosoph

Der Mensch schuf Gott nach seinem Bilde.

Ludwig Feuerbach (1804 – 1872), Philosoph und Religionskritiker

Was ist der Mensch? Jedenfalls nicht das,
was er sich einbildet zu sein – nämlich
die Krone der Schöpfung.

Wilhelm Raabe (1831–1910), Schriftsteller

Wie könnte man als Mensch leben,
wenn man nicht zuweilen ein Gott wäre?

Arthur Schnitzler (1862–1931), Arzt und Dramatiker

Menschsein ist erster Gottesdienst.

Charlotte Seemann (geb. 1941), Schriftstellerin

Wollt ihr Gott finden, so dienet den Menschen.

Swami Vivekananda (1863–1902), Mönch und Philosoph

Jeder für sich und Gott gegen alle.

Werner Herzog (geb. 1942), Filmregisseur

Dem Schaffenden ist Gott die letzte, tiefste Erfüllung.

Rainer Maria Rilke (1875–1926), Schriftsteller und Lyriker

Was Gott ist, wissen wir so wenig
wie ein Käfer weiß, was ein Mensch ist.

Huldrych Zwingli (1484–1531), Reformator und Theologe

Was ist das für ein Gott, der imstande ist,
für dieses Sauvolk von Menschen
seinen Sohn zu opfern?!

Paul Valéry (1871–1945), Lyriker und Philosoph

Würde Gott auf Erden leben,
die Leute würden ihm die Scheiben einwerfen.

Jüdisches Sprichwort

So lange auch nur ein einziger Mensch auf der Welt
an Gott glaubt, existiert Gott.

Reb Abbas (1912–1991)

Wem die Erde zu eng wird, flieht zu Gott.

Hans-Horst Skupy (geb. 1942), Publizist und Aphoristiker

So viele Seelen, so viele Pfade zu Gott.

Ramakrishna Paramahamsa (1836–1886), hinduistischer Mystiker

Wege zu Gott gibt es viele, wie es Menschen gibt.

Benedikt XVI. (geb. 1927), Papst

Die Schöpfung ist Gottes Sündenfall.

Ludwig Goldscheider (1896–1973), Kunsthistoriker und Verleger

Die ganze Welt, wohlverstanden, klagt Gott an.

Léon Bloy (1846–1917), Schriftsteller und Philosoph

Gott und Auschwitz lassen sich nicht vereinigen.

Karl Jaspers (1883–1969), Psychiater und Philosoph

Wie kann man nach dem Holocaust
an Gott glauben?

Elie Wiesel (1928–2016), Schriftsteller

Wie kann man nach dem Holocaust
nicht an Gott glauben?

Menachem Mendel Schneerson (1902–1994), Rabbiner

Auschwitz ist der Ort der Revolte
des Menschen gegen Gott.
Durchexerziert nach dem Motto des 20. Jahrhunderts:
Was machbar ist, muss auch gemacht werden.

Georg Stefan Troller (geb. 1921), Schriftsteller und Regisseur

Gott ist uns abhanden gekommen.

Joachim Kardinal Meisner (geb. 1933), Erzbischof

Gott ist tot!

Friedrich Nietzsche (1844–1900), Philosoph

Nicht Gott ist tot,
die Seinsbedingungen
haben sich geändert.

Imre Kertész (1929–2016), Schriftsteller

Gott ist Todeszukunft; doch die Zukunft ist Leben.

Edmond Jabès (1912–1991), Schriftsteller

Gott lebt. Wie durch ein Wunder.

Graffito an der Nationaluniversität Bogotá

Jede Idee von jedem Gott
ist die gefährlichste Abscheulichkeit.

Wladimir Iljitsch Lenin (1870–1924),
Gesellschaftstheoretiker und Revolutionär

Das Privileg des Menschen:
schlecht über Gott denken und reden zu dürfen.

Hans-Horst Skupy (geb. 1942), Publizist und Aphoristiker

Über so vieles haben wir so wenig zu sagen.
Gott hatte so vieles über so wenig zu sagen.

Reb Raccah (1912–1991)

Gott spricht, aber er antwortet nicht.

Ernst Jünger (1895–1998), Schriftsteller

Gott schweigt. Deswegen gilt er als guter Zuhörer.

Emil Baschnonga (geb. 1941), Schriftsteller und Aphoristiker

Ich glaube nicht, dass Gott den Menschen ›zürnt‹.
Gottes Zorn ist die Gleichgültigkeit.

Sándor Márai (1900–1989), Schriftsteller

Gott straft – der Mensch rächt sich.

Jüdisches Sprichwort

Die kleinen Heiligen richten einen zugrunde,
nicht Gott.

Bulgarisches Sprichwort

Gott kann man überall finden – selbst in der Kirche.

Sándor Márai (1900–1989), Schriftsteller

Wer Gott sucht, hat ihn bereits gefunden.

Graham Greene (1904–1991), Schriftsteller und Dramatiker

Die Suche nach Gott
ist den Menschen nicht einmontiert.

Richard Rorty (1931–2007), Philosoph

Gott ließ uns fallen und so stürzen wir denn auf ihn zu.

Friedrich Dürrenmatt (1921–1990), Dramatiker

Die Zeit, Gott zu suchen, ist das Leben.
Die Zeit, Gott zu finden, ist der Tod.
Die Zeit, Gott zu besitzen, ist die Ewigkeit.

Franz von Sales (1567–1622), Ordensgründer und Fürstbischof

Und doch ist Einer, welches dieses Fallen
unendlich sanft in seinen Händen hält.

Rainer Maria Rilke (1875–1926), Schriftsteller und Lyriker

Welcher Gott hinter Gott eröffnet den Reigen
aus Staub und Zeit und Traum und Agonie?

Jorge Luis Borges (1899–1986), Schriftsteller

Gott verschwindet in Gott.

Reb Saltiel (1912–1991)

Christentum, Heilige Schrift & Religion

So mancher wackelnde Tisch
wird durch eine Bibel gestützt.

Karol Irzykowski (1873–1944),
Schriftsteller und Filmtheoretiker

Im Munde Bibel, im Herzen Übel.

Deutsches Sprichwort

Der Teufel kann sich auf die Schrift berufen.

William Shakespeare (1564–1616), Dramatiker

Gottes Wort ist gebunden.

Heinrich Wiesner (geb. 1925), Schriftsteller

Der eine ist bibel-, der andere manifest.

Gerd W. Heyse (geb. 1930), Aphoristiker und Lyriker

Priester und Juristen lesen jeweils nur ein Buch
und schlagen alle anderen damit.

Erno Paasilinna (1935–2000), Autor und Journalist

Nicht Gott streitet, nur die Priester.

Thomas Niederreuther (1909–1990), Kaufmann und Schriftsteller

Die Neigung zum Dogma
entspringt der Sehnsucht nach Notwendigkeit.

Michael Rumpf (geb. 1948), Pädagoge und Aphoristiker

Nichts bringt so viele Häresien hervor
wie die Angst vor der Häresie.

Lucian Blaga (1895–1961), Schriftsteller und Diplomat

Was hat Jesus die Menschen gelehrt?
Die Missbildungen ihrer Phantasie
nicht für Gott und göttliches Wirken zu halten.

Ferdinand Ebner (1882–1931), Pädagoge und Philosoph

Das Christentum ist eine gewaltige Macht.
Dass zum Beispiel protestantische Missionare
aus Asien unbekehrt wieder nach Hause kommen –
das ist eine große Leistung.

Kurt Tucholsky (1890–1935), Schriftsteller und Publizist

Humanismus und Religion laufen,
als historische Tatsachen, keineswegs parallel;
der Humanismus tritt sporadisch auf,
das Christentum kontinuierlich.

T. S. Eliot (1888–1965), Schriftsteller und Literaturkritiker

Fehlt nicht dem Christentum noch immer
die volle Ehrfurcht vor der Erde?

Carl Oskar Jatho (1884–1971), Schriftsteller und Kulturphilosoph

Vorurteil stützt die Throne,
Unwissenheit die Altäre.

Marie von Ebner-Eschenbach (1830–1916), Schriftstellerin

Die Menschen sind noch nicht vernünftig genug.
Sie begreifen nicht, dass Religion jeder Art
und Staatsgewalt ebenfalls jeder Art
streng zu trennen sind;
dass Religion ebenso Privatsache sein muss
wie das, was man kocht und wie man es kocht.

Voltaire (1694–1778), Philosoph und Schriftsteller

Die Menschen haben viele Passionen –
Christus hat nur eine.

G. E. Schneider (geb. 1949), Publizist und Aphoristiker

Die Geschichte lehrt,
dass übertriebener Religionseifer
der größte Fallstrick der Menschen
gewesen ist.

Wilhelm Ludwig Wekhrlin (1739–1792), Publizist

Erwarte keine Religion in Zeiten,
in denen es leichter ist,
einem Heiligen zu begegnen als einem Menschen.

Johann Heinrich Füssli (1741–1825), Maler und Schriftsteller

Es gibt nur eine Religion, obwohl sie
hundert verschiedene Fassungen hat.

George Bernard Shaw (1856–1950), Schriftsteller und Dramatiker

All die verschiedenen Religionen
sind nur so viele religiöse Dialekte.

*Georg Christoph Lichtenberg (1742–1799),
Mathematiker und Aphoristiker*

Die Unterschiede zwischen den Religionen
und allen großen Wahrheiten dieser Welt sind so klein,
dass man sie – von der Ewigkeit aus betrachtet –
kaum wahrnehmen kann.

Oskar Kunz (geb. 1934), Gastronom

Ist es nicht sonderbar,
dass die Menschen so gerne
für die Religion fechten
und so ungerne
nach ihren Vorschriften leben?

Georg Christoph Lichtenberg (1742–1799),
Mathematiker und Aphoristiker

Kirchgang macht nicht zum Christen,
sowenig man ein Auto wird,
wenn man in eine Garage geht.

Albert Schweitzer (1875–1965), Arzt und Theologe

Am meisten lernt man vom Christentum,
wenn man nicht an Gott glaubt.

Werner Ehrenforth (1939–2002), Ingenieur und Aphoristiker

Dem Christentum hält man vor,
es hätte, statt Kathedralen zu bauen,
die Armen versorgen sollen.
Hörte man dies je über Synagogen oder Moscheen?
Vorwürfe treten auf, wenn ein Wert
in seine Dämmerung eintritt.

Michael Rumpf (geb. 1948), Pädagoge und Aphoristiker

Die Religionen sind wie die Leuchtwürmer:
sie bedürfen der Dunkelheit, um zu leuchten.

Arthur Schopenhauer (1788–1860), Philosoph

Die Irreligiösen sind religiöser,
als sie selbst wissen,
und die Religiösen sind's weniger,
als sie meinen.

Franz Grillparzer (1791–1872), Dramatiker

Der Ursprung, ja das eigentliche Wesen der Religion,
ist der Wunsch. Hätte der Mensch keine Wünsche,
so hätte er auch keine Götter.
Was der Mensch sein möchte, aber nicht ist,
dazu macht er seinen Gott.

Ludwig Feuerbach (1804–1872), Philosoph und Religionskritiker

Es gibt nur einen einzigen, mächtigen Hebel
der Zivilisation: die Religion.

Johann Jakob Bachofen (1815–1887),
Rechtshistoriker und Altertumsforscher

Die Religion ist der Seufzer der bedrängten Kreatur,
das Gemüt einer herzlosen Welt,
wie sie der Geist geistloser Zustände ist.
Sie ist das Opium des Volkes.

Karl Marx (1818–1883), Philosoph und Gesellschaftstheoretiker

Es ist eine überall bestätigte Wahrheit,
dass im Gehirn der Nationen
der kindischste Aberglaube
mit den reinsten religiösen Empfindungen
verschmilzt.

Charles Baudelaire (1821–1867), Lyriker

Wer gegen die Religion ist,
muss notwendig ein Narr sein,
daher lesen wir auch,
dass Gott von allen Tieren
die Erstgeburt eines Esels zurückwies.

Jonathan Swift (1667–1745), Schriftsteller und Satiriker

Die Religion besteht aus einer Reihe von Dingen.
Der Durchschnittsmensch denkt,
dass er an sie glaubt und wünscht, dass er sicher wäre.

Mark Twain (1835–1910), Schriftsteller

Die Religion? Der beliebte Ersatz für den Glauben.

Oscar Wilde (1854–1900), Schriftsteller

Welche Religion ist die Wahre?
Für die Masse jede,
für den denkenden Menschen nur die,
die er sich selbst aufbaut.

Alexander Otto Weber (1868–ca. 1935), Schriftsteller

Wie viel Hass und Dummheit die Menschen doch –
elegant verpackt – Religion nennen können!

Shri Aurobindo (1872–1950), Mystiker und Politiker

Nicht alle sind Heilige, die zur Kirche gehen.

Isländisches Sprichwort

Religion ist der Ausdruck einer Not,
in der ein Mensch sich keinen Rat mehr gewusst hat
und in der ihm doch von innen her
wunderbar geholfen worden ist;
was er da dann findet, ist Religion.
Das Gefühl, niemals dem Zufall preisgegeben zu sein,
immer zum Notwendigen gelenkt zu werden,
einen unbekannten Plan auszuführen, ist Religion.

Hermann Bahr (1863–1934), Schriftsteller und Literaturkritiker

Man kann sehr viel Religion haben
und fern von Gott sein,
ja eigentlich recht gottlos sein.

Leonhard Ragaz (1868–1945), Theologe und Friedensaktivist

Man muss nicht Christ heißen,
um es zu sein.
Manche sind es sogar, ohne zu wollen.

Friedrich Kayßler (1874–1945),
Schriftsteller und Schauspieler

Dem echt Religiösen ist nichts Sünde.

Novalis (1772–1801), Schriftsteller

Religion ist das Werk Gottes,
das durch den Teufel seine Perfektion erhielt.

Sir Peter Ustinov (1921–2004), Schauspieler und Schriftsteller

Religion ohne Humanität ist Bestialität.

Gottfried Edel (geb. 1929), Journalist und Aphoristiker

Religionen sind Philosophien um Gott.

Heinrich Wiesner (geb. 1925), Pädagoge und Schriftsteller

Religion übt man aus. Religiosität hat man.

Heinrich Wiesner (geb. 1925), Pädagoge und Schriftsteller

Manche machen die Religion zur Gewissen-schaft.

Hans-Horst Skupy (geb. 1942), Publizist und Aphoristiker

Reinheit des Körpers wurde schon immer
als Folge von Gottesfurcht erachtet.

Francis Bacon (1561–1626), Philosoph und Staatsmann

Die Erfindung des Teufels war eine göttliche Idee.

Klaus D. Koch (geb. 1948), Arzt und Aphoristiker

Die Wirklichkeit der Religion
ist das Entsetzen des Menschen
vor sich selbst.

Karl Barth (1886–1968), Theologe

Nächstenliebe

& Menschsein

Trost gibt der Himmel,
von einem Menschen
erwartet man Beistand.

Ludwig Börne (1786–1837),
Publizist, Literatur- und Theaterkritiker

Fremdes Missgeschick zu tragen
sind wir alle stark genug.

François de La Rochefoucauld (1613–1680),
Schriftsteller

Die Kunst, zu ermutigen
ist eine der Möglichkeiten
aufmerksamer Nächstenliebe.

Léon-Joseph Kardinal Suenens (1904–1996), Erzbischof

Nächstenliebe: edelste Form des Egoismus.

Ina Seidel (1885–1974), Schriftstellerin

Egoisten sind, was ihre Nächstenliebe betrifft,
Selbstversorger.

Ernst Ferstl (geb. 1955), Pädagoge und Aphoristiker

Toleranz ist die Nächstenliebe der Intelligenz.

Jules Lemaître (1853–1914), Schriftsteller und Theaterkritiker

Nächstenliebe ist Realpolitik.

Fridtjof Nansen (1861–1930), Diplomat und Polarforscher

Nächstenliebe ist auch eine Form der Herzverpflanzung.

Gerhard Uhlenbruck (geb. 1929), Mediziner und Aphoristiker

Christliche Liebe besagt wohl zugleich:
in seinem Nächsten den Herrn erkennen
und im Herrn seinen Nächsten.

Adrienne von Speyr (1902–1967),
Ärztin und Schriftstellerin

Die christliche Barmherzigkeit
kann nicht mit wahrem Ernst ihr Werk ausrichten,
ohne auf soziale Missstände zu stoßen,
deren Beseitigung unerlässlich ist,
wenn die christliche Liebe ihr Ziel erreichen will.

Nathan Söderblom (1866–1931), Erzbischof

Nächstenliebe findet man zum Beispiel bei Menschen,
die Dienstvorschriften nicht einhalten.

Ezra Pound (1885–1972), Dichter

Die Nächstenliebe ist eine so kluge Händlerin,
daß sie überall Gewinn herausschlägt,
wo andere Verluste machen.

*Marguerite Poréte (um 1255–1310),
Mystikerin und Schriftstellerin*

Manchmal übertreffen wir uns selbst
in unsrer Nächstenliebe. Und werden kulant.

Nikolaus Cybinski (geb. 1936), Pädagoge und Aphoristiker

Tätige Menschenliebe ohne Verstand
verfehlt ihren Zweck.

Georg Christoph Lichtenberg (1742–1799), Mathematiker und Aphoristiker

Telefonseelsorge: entfernte Nächstenliebe.

Hans-Horst Skupy (geb. 1942), Publizist und Aphoristiker

Unter dem Mantel der Nächstenliebe
ist schon mancher erstickt.

Gabriele Berthel (geb. 1948), Schriftstellerin und Aphoristikerin

Auf den Nächsten zugehen heißt auch,
ihm Spielraum für seine Schritte zu geben.

Josef F. Bloberger (geb. 1949), Aphoristiker

Wir haben gerade genug Religion in uns,
um uns zu hassen, aber nicht genug,
um einander zu lieben.

Jonathan Swift (1667–1745), Schriftsteller und Satiriker

Gegenteil von menschlich: zwischenmenschlich.

Tobias Grüterich (geb. 1978), Ingenieur und Aphoristiker

Liebe deinen Nächsten –
aber lass dich nicht erwischen dabei.

Sponti-Spruch

Wie man pharisäet, so erntet man.

Hans-Horst Skupy (geb. 1942), Publizist und Aphoristiker

Alles ist gut, wie es hervorgeht
aus den Händen des Schöpfers;
alles entartet
unter den Händen des Menschen.

Jean-Jacques Rousseau (1712–1778), Philosoph und Pädagoge

Der Mensch ist so von sich selbst eingenommen,
dass er sich lediglich als das einzige Ziel
der Anstalten Gottes ansieht.

Immanuel Kant (1724–1804), Philosoph

Gott schuf ihn, also lasst ihn für einen Menschen gelten!

William Shakespeare (1564–1616), Dichter und Dramatiker

Es ist ein jeder Mensch sein eigener Gott
und auch sein eigener Teufel:
zu welcher Qual er sich neigt und ergibt,
die ihn treibt und führt,
derselben Werkmeister wird er.

Jakob Böhme (1575–1624), Schuhmacher und Mystiker

Aus so krummem Holz,
als woraus der Mensch gemacht ist,
kann kein ganz Gerades gezimmert werden.

Immanuel Kant (1724–1804), Philosoph

Jeder von uns
trägt Himmel und Hölle in sich.

Oscar Wilde (1854–1900), Schriftsteller

Wie könnte man als Mensch leben,
wenn man nicht zuweilen ein Gott wäre?

Arthur Schnitzler (1862–1931), Arzt und Dramatiker

Der Mensch ist dazu bestimmt,
den Sturz seiner Götter zu überleben.

D. H. Lawrence (1885–1930), Schriftsteller

Der Mensch ist ein Blinder,
der vom Sehen träumt.

Christian Friedrich Hebbel (1813–1863), Dramatiker

Der Mensch ist ein Fehler der Natur,
der sich selbst ausbügeln muss.

Werner Ehrenforth (1939–2002), Ingenieur und Aphoristiker

Denke leise, wecke nicht das Dogma.

Vytautas Karalius (geb. 1931), Schriftsteller und Aphoristiker

Du sollst deinen Nächsten lieben
wie dich selbst.

3. Buch Mose (»Leviticus«), 19,18

Glaube

& Zweifel

Erziehe Menschen ohne Religion,
und du machst sie nur zu klugen Teufeln.

Arthur Wellesley, Duke of Wellington (1769–1832),
Premierminister und Heerführer

Atheismus ist ein Zeichen,
dass man die Religion ernstnimmt.

Sir Karl R. Popper (1902–1994),
Philosoph und Wissenschaftstheoretiker

Der Atheismus ist das Werk der Theologen.

Hugo Dionizy Steinhaus (1887–1972),
Mathematiker und Wissenschaftsautor

Atheist ist nur der,
der sich auch aus dem Atheismus
keinen Gott macht.

Gabriel Laub (1928–1998), Publizist und Aphoristiker

Der Atheist ist ein Kurzsichtiger,
der sich in der Brille eines Weitsichtigen gefällt.

Louis-François Duplessis de Mornay (1663–1741), Kapuziner und Bischof

Ein Atheist ist einer, der sich ein Bild macht und es verneint.

Peter Horton (geb. 1941), Musiker und Autor

Ein starker Glaube ist nötig,
um alle seine Zweifel aufrecht zu erhalten.

Elazar Benyoëtz (geb. 1937), Rabbiner und Aphoristiker

Wer Gott definiert, ist schon Atheist.

Oswald Spengler (1880–1936),
Geschichtsphilosoph und Kulturhistoriker

Ein skeptischer Katholik ist mir lieber
als ein gläubiger Atheist.

Kurt Tucholsky (1890–1935), Schriftsteller und Publizist

Glauben ohne Zweifel ist kein Glauben.

Martin Luther (1483–1546), Theologe und Reformator

Wenn jemand mit Gewissheiten beginnen will,
wird er in Zweifeln enden.
Wenn er sich aber bescheidet,
mit Zweifeln anzufangen,
wird er zu den Gewissheiten gelangen.

Francis Bacon (1561–1626), Philosoph und Staatsmann

Mit dem Wissen wächst der Zweifel.

Johann Wolfgang von Goethe (1749–1832),
Dichter und Staatsmann

Der Zweifel ist das Wartezimmer der Erkenntnis.

Indisches Sprichwort

Zweifel macht den Berg, den der Glaube versetzen kann.

Deutsches Sprichwort

Wo der Glaube den Fixpunkt hat,
setzt der Zweifel den Fluchtpunkt.

Walter Fürst (geb. 1932), Pädagoge und Aphoristiker

Die Zweifel kamen erst mit dem Glauben.

Erhard Blanck (geb. 1942), Heilpraktiker und Schriftsteller

Bei manchen Menschen
sieht Gott es möglicherweise lieber,
daß sie zweifeln, statt zu glauben.

Nikolaus Cybinski (geb. 1936), Pädagoge und Aphoristiker

Nähre deinen Glauben –
und deine Zweifel werden verhungern.

Rabindranath Tagore (1861–1941),
Dichter, Komponist und Philosoph

Zögerlich und zu still sind Menschen, die zweifeln.
Bewundernswert sind Menschen, die an etwas glauben.
Gering an Zahl sind Menschen, die etwas wissen.
Gefährlich sind Menschen, die glauben, zweifellos zu wissen.

Andreas Bechstein (geb. 1984), Theologe und Aphoristiker

Je weniger die Leute glauben,
desto abergläubischer werden sie.

Jeremias Gotthelf (1797–1854), Pfarrer und Schriftsteller

Der bedingungslose Fortschrittsglaube,
der Aberglaube unserer Zeit.

Helmut Glaßl (geb. 1950), Ingenieur und Aphoristiker

Glaube, Gefühl & Vernunft

Der Glaube versetzt Berge,
der Zweifel erklettert sie.

Karl Heinrich Waggerl (1897–1973), Schriftsteller

Je weiter unsere Erkenntnis Gottes dringt,
desto weiter weicht Gott von uns zurück.

Marie von Ebner-Eschenbach (1830–1916), Schriftstellerin

Nichts hindert die Seele so sehr, Gott zu erkennen,
als Zeit und Raum! Zeit und Raum
sind immer Stückwerk, Gott aber ist Eins!

Meister Eckhart (um 1260–1328), Theologe und Mystiker

Wenn es keinen Anfang gab,
gibt es auch keinen Platz für Gott.

Stephen Hawking (geb. 1942), Astrophysiker und Wissenschaftsautor

Eines ist sicher: wir werden nie
die richtige Vorstellung von Gott
und seiner Beziehung zum Universum haben,
wenn wir nicht das Universum,
so gut es geht, wissenschaftlich erforschen.

George Coyne (geb. 1933), Astronom und Jesuit

Man ist im Raumschiff völlig von der Technik umgeben,
muss als Teil dieser Technik funktionieren,
um überhaupt am Leben zu bleiben.
Da hat man keine Zeit, an den lieben Gott zu denken.

Ulf Merbold (geb. 1941), Physiker und Astronaut

Natur, Kunst und Wissenschaft sind es eigentlich,
welche die Weisheit Gottes allerorten verkünden.

Arthur Schopenhauer (1788–1860), Philosoph

Der Glaube ist nicht das Wissen über Gott.

Jeschajahu Leibowitz (1903–1994),
Naturwissenschaftler und Religionsphilosoph

Wissenschaft und Kunst ohne religiöse Grundlage
sind Unfug und ein Übel.

Lew Nikolajewitsch Graf Tolstoj (1828–1910), Schriftsteller

Es gehört viel Wissen zum Glauben.

Deutsches Sprichwort

Ein wenig Wissen entfremdet Menschen oft
von der Religion, tieferes Wissen bringt sie zu ihr zurück.

William Ralph Inge (1860–1954), Theologe und Publizist

Glauben ist Vertrauen, nicht Wissenwollen.

Hermann Hesse (1877–1962), Schriftsteller

Glauben heißt, den Unterschied
von Gott und Menschen kennen –
wissen, dass die Menschen
nicht von Grund auf gut und unfehlbar sind.

Wolfgang Huber (geb. 1942), Bischof i. R.

Wissen ist kein Gegensatz zum Glauben.
Es ist eine Art von Glauben.

Oswald Spengler (1880–1936),
Geschichtsphilosoph und Kulturhistoriker

Der Wissende weiß, dass er glauben muss.

Friedrich Dürrenmatt (1921–1990), Dramatiker

Wenn du nicht weißt, woran du glauben sollst,
glaube an das, was du weißt.

Leszek Szaruga (geb. 1946),
Dichter und Literaturwissenschaftler

Glauben versetzt Berge, Wissen schützt sie davor.

Michael Richter (geb. 1952), Historiker und Aphoristiker

Der Glaube ist die unbefriedigte Sehnsucht
der Vernunft nach der Phantasie.

Friedrich Schleiermacher (1768–1834), Theologe und Philosoph

Gott zürnt denen, die ihren Verstand nicht gebrauchen.

Koran, Sure 10, Vers 100

Eine Religion, die sich
gegen die Wissenschaft stemmt,
degradiert sich selbst zu einer Einrichtung
für den unwissenden Tross.

Rosalie Perles (1839–1932), Schriftstellerin und Philantrophin

Zwischen der Religion und der wirklichen Wissenschaft
besteht nicht Verwandtschaft, noch Freundschaft,
noch selbst Feindschaft:
sie leben auf verschiedenen Sternen.

Friedrich Nietzsche (1844–1900), Philosoph

Gott kann weder bewiesen noch widerlegt werden.
Gottes Dasein kann nicht theoretisch gewusst,
sondern nur praktisch geglaubt werden.

Immanuel Kant (1724–1804), Philosoph

Du sollst nur an Gott glauben.
Ein Glaube an die Menschenkinder ist nicht möglich.

August Strindberg (1849–1912), Dramatiker

Ich will, dass der Glaube auch vor der Vernunft standhält.

Reinhard Kardinal Marx (geb. 1953), Erzbischof

Glauben heißt, mit Gott rechnen.

Ernst Modersohn (1870–1948), Pfarrer und Schriftsteller

Ich glaube, auf dass ich erkenne.

Anselm von Canterbury (1033–1109),
Philosoph; Begründer der Scholastik

Der Glaube kann uns niemals von etwas überzeugen,
was unserer Erkenntnis zuwiderläuft.

John Locke (1632–1704), Philosoph und Staatstheoretiker

Auch der Glaube wurzelt im Willen.

Leo Baeck (1873–1956),
Rabbiner und Religionsphilosoph

Glaube ist Liebe zum Unsichtbaren,
Vertrauen aufs Unmögliche, Unwahrscheinliche.

Johann Wolfgang von Goethe (1749–1832),
Dichter und Staatsmann

Wo der Glaube im Spiel ist,
hält die Vernunft nur die Klappe.

Halldór Laxness (1902–1998), Schriftsteller

Das menschliche Leben ohne Glauben ist ein Tierleben.

Lew Nikolajewitsch Graf Tolstoj (1828–1910), Schriftsteller

Glaube beruht auf Ursachen, nicht auf Gründen.

Wilhelm Busch (1832–1908), Dichter und Zeichner

Angewöhnung geistiger Grundsätze ohne Gründe
nennt man Glauben.
Denn die Menschen glauben an die Wahrheit dessen,
was ersichtlich stark geglaubt wird.

Friedrich Nietzsche (1844–1900), Philosoph

Glaube: Wirkung ohne Ursache.

Alexander Eilers (geb. 1976),
Literaturwissenschaftler und Aphoristiker

Der Glaube duldet keine Überzeugung neben sich.

Elazar Benyoëtz (geb. 1937), Rabbiner und Aphoristiker

Die Gleichgültigkeit bei Gläubigen
ist eine weit schrecklichere Sache
als die Tatsache, dass es Ungläubige gibt.

Aleksandr Eltschaninow (1881–1934),
Priester und Aphoristiker

Meist gründet sich der Unglaube
in einer Sache auf blinden Glauben
in einer anderen.

Georg Christoph Lichtenberg (1742–1799),
Mathematiker und Aphoristiker

Glauben wir an Gott –
oder glauben wir an unseren Glauben an Gott
und darin noch einmal an uns selbst?

Johann Baptist Metz (geb. 1928), Theologe und Publizist

Viele glauben nicht an Gott, sondern an ihren Glauben.

Michael Richter (geb. 1952), Historiker und Aphoristiker

Glaubet dem Zweifelnden und zweifelt,
wenn man Glauben gebietet.

Ludwig Börne (1786–1837), Publizist, Literatur- und Theaterkritiker

Wer sich durch den Glauben regieren lässt,
braucht durch den Aberglauben
nicht kuriert zu werden.

Emil Frommel (1828–1896), Theologe und Schriftsteller

Der Osten sah Gott und hat die Welt vergessen;
der Westen vergaß Gott und hat die Welt ermessen.

Muhammad Iqbal (1877–1938), Dichter und Philosoph

Im Westen hat man Christus verloren –
und deshalb kommt der Westen zu Fall,
einzig und allein deshalb.

Fjodor Michaijlowitsch Dostojewskj (1821–1881), Schriftsteller

Seit die Menschen nicht mehr an Gott glauben,
glauben sie nicht etwa an nichts, sondern an alles.

*Gilbert Keith Chesterton (1874–1936),
Schriftsteller und Journalist*

Göttlicher Humor

Wer in Glaubenssachen
den Verstand befragt,
kriegt unchristliche Antworten.

Wilhelm Busch (1832 – 1908),
Dichter und Zeichner

Gott hat Humor, denn er hat den Menschen geschaffen.

Gilbert Keith Chesterton (1874–1936), Schriftsteller und Journalist

Das Reich Gottes ist angefüllt
mit Hoffnungen armer Teufel.

Klaus D. Koch (geb. 1948), Arzt und Aphoristiker

Gott hat die Erde mit dem Menschen bestraft.

Gunter Preuß (geb. 1940), Schriftsteller

Gott wird, wenn er uns strafen will,
unsere Gebete erhören.

Oscar Wilde (1854–1900), Schriftsteller

Moral ist auch eine Sache der Gewohnheit.

Mieczysław Jastrun (1903–1983), Schriftsteller und Übersetzer

Adamskostüm – Burka des Westens.

Alexander Eilers (geb. 1976),
Literaturwissenschaftler und Aphoristiker

Der Gedanke, dass der Gott Abrahams
auch der Donald Ducks ist,
ist noch schöpfungskompatibel.
Seine Umkehrung ist es komischerweise nicht mehr.

Nikolaus Cybinski (geb. 1936), Pädagoge und Aphoristiker

Der Jüngste Tag kommt allmählich in die Jahre.

Alexander Eilers (geb. 1976),
Literaturwissenschaftler und Aphoristiker

Manche Priester leben gern
über ihre geistlichen Verhältnisse.

Jerzy Paczkowski (1909–1945), Dichter und Satiriker

Was die Kirche nicht verhindern kann,
das segnet sie.

Kurt Tucholsky (1890–1935), Schriftsteller und Publizist

Die Kirche hätte den Selbstmördern
das ewige Leben androhen sollen.

Alexander Eilers (geb. 1976),
Literaturwissenschaftler und Aphoristiker

Kirchenaustritt: seelsorgenfrei.

Hans-Horst Skupy (geb. 1942), Publizist und Aphoristiker

Christi Himmelfahrt: Rückrufaktion.

Alexander Eilers (geb. 1976),
Literaturwissenschaftler und Aphoristiker

Bete und arbeite, sagte Benedikt von Nursia.
Mach auch die Arbeit zum Gebet, sagte Luther.
Bete um Arbeit, sagte Pfarrer N. zum Arbeitslosen.

*Kurt Marti (*1921), Pfarrer und Schriftsteller*

Wenn man sieht, was der liebe Gott
auf der Erde alles zulässt,
hat man das Gefühl,
dass er immer noch experimentiert.

Sir Peter Ustinov (1921–2004),
Schauspieler und Autor

Als Gott sah, dass es gut war,
konnte er noch nicht
beim Menschen angelangt sein.

Charlotte Seemann (geb. 1941), Schriftstellerin

Wenn der Mensch das Ebenbild Gottes ist,
möchte ich ihn nicht kennenlernen.

Olli Hyvärinen (geb. 1958), Schriftsteller

Mensch. Irren ist göttlich.

Alexander Eilers (geb. 1976),
Literaturwissenschaftler und Aphoristiker

Gott liebt die Ketzer,
weil sie jeden Tag an ihn denken.

Janosch (geb. 1931),
Kinderbuchautor und Illustrator

Bitten & Empfangen

Echtes Gebet erfordert Kraft.

James Hudson Taylor (1832–1905), Missionar

Es gibt wenige Menschen, die es wagen dürften,
ihre geheimen Bitten und Gebete
öffentlich hören zu lassen.

Michel de Montaigne (1533–1592), Essayist und Philosoph

Man kann vom lieben Gott etwas erbitten.
Bestellen kann man bei ihm nichts.

Sándor Márai (1900–1989), Schriftsteller

Im Gebet steigt der Mensch empor zu Gott
und Gott läßt sich herab zum Menschen.

Albert Maria Weiss (1844–1925), Theologe und geistlicher Schriftsteller

Beten ist nicht, sich selbst reden hören,
sondern verstummen, so lange schweigen und warten,
bis der Betende Gott hört.

Søren Kierkegaard (1813–1855), Theologe und Philosoph

Die Größe des Gebets beruht vor allem darauf,
dass ihm nicht geantwortet wird
und dass dieser Austausch nichts
mit einem schäbigen Handel zu tun hat.
Das Erlernen des Gebets
besteht im Erlernen des Schweigens.

Antoine de Saint-Exupéry (1900–1944), Pilot und Schriftsteller

Es werden mehr Tränen über erhörte Gebete vergossen
als über nicht erhörte.

Truman Capote (1924–1984), Schriftsteller und Drehbuchautor

Duldung erachte ich
für das hauptsächlichste Kennzeichen
der wahren Kirche.

John Locke (1632–1704),
Philosoph und Staatstheoretiker

Jede Frau darf beten.
Ein Mann, der betet,
muss sehr dumm
oder sehr weise sein.

Kurt Tucholsky (1890–1935),
Schriftsteller und Publizist

Das Weib schweige in der Gemeinde.

1. Korintherbrief , 14,34

Ich gehe in die Synagoge,
um das Gebetsgebot zu erfüllen
und nicht um emotionalen Sport zu betreiben.

Jeschajahu Leibowitz (1903–1994),
Naturwissenschaftler und Religionsphilosoph

Wer Gott anruft als Gott, den erhört Gott.

Meister Eckhart (um 1260–1328), Theologe und Mystiker

Unsere Bitten gibt Gott an uns weiter.

Michael Richter (geb. 1952), Historiker und Aphoristiker

Sobald der Mensch eins ist mit Gott,
bittet er um nichts.
Dann sieht er, daß jedes Tun Gebet ist.

Ralph Waldo Emerson (1803–1882), Philosoph und Schriftsteller

Gott braucht weder Weihrauch noch Myrrhen,
weder Kerzen noch Gebet, Gesang und Musik,
weder Messen noch Predigten noch Tempel,
und daher bleibt das Wort Gottesdienst
ein dummes Wort.

Karl Julius Weber (1767–1832), Jurist und Schriftsteller

Betende Hände können kein Brot backen.

Hans-Horst Skupy (geb. 1942), Publizist und Aphoristiker

Die Kirche ist innerhalb des Menschen,
nicht außerhalb; jeder Mensch,
in dem der Herr gegenwärtig ist, ist eine Kirche.

Emanuel von Swedenborg (1688–1772),
Naturwissenschaftler und Mystiker

Nicht an einem Orte soll das Heilige gesucht werden,
sondern in Taten und Leben und Sitten.

Origenes (185–ca. 254), Theologe

Beim Gebet falten wir unsere Gedanken.

Michael Richter (geb. 1952), Historiker und Aphoristiker

Was die Art zu beten betrifft, so ist jede gut,
sofern sie aufrichtig ist.

Victor Hugo (1802–1885), Schriftsteller

Der Reformator
& die Reformation

Fange die Reformation in dir an,
so geht es fort!

Christoph Lehmann (1568–1638),
Chronist und Schriftsteller

Jede Reformation, die
nicht aufmerksam darauf achtet,
dass das zu Reformierende
im Grunde jeder einzelne ist,
ist Sinnenbetrug.

Søren Kierkegaard (1813–1855), Theologe und Philosoph

Der Glaube ist der Heiligen Schrift Schlüssel.

Martin Luther (1483–1546), Reformator

Die Reformation vertauschte eigentlich
nur eine Autorität mit der anderen:
die Tradition mit der Bibel.

Friedrich Theodor Vischer (1807–1887),
Literaturwissenschaftler und Schriftsteller

Luther hatte es verstanden,
als er dem Teufel das Tintenfass
an den Kopf geworfen!
Nur vor Tinte fürchtet sich der Teufel;
damit allein verjagt man ihn.

Ludwig Börne (1786–1837), Publizist, Literatur- und Theaterkritiker

Katholiken sind Seher,
Protestanten Leser.

*Christoph Schlingensief (1960–2010),
Autor, Film- und Theaterregisseur*

Luthers Glaube an das Geschriebene war unendlich.
Den Papst verwarf er, weil er in der Bibel nicht vorkam.
Die Mönche und Nonnen ebendeshalb.
Den Kaiser aber und die Obrigkeit
und den Krieg nicht, denn sie standen drin.

Hugo Ball (1886–1927), Schriftsteller, Dadaist

Luthers Bibelübersetzung
hat die größten Wirkungen hervorgebracht,
wenn schon die Kritik daran
bis auf den heutigen Tag
immerfort bedingt und mäkelt.

Johann Wolfgang von Goethe (1749–1832),
Dichter und Staatsmann

Viele Bücher machen nicht gelehrt,
viel lesen auch nicht, sondern gute Dinge und oft lesen,
wie wenig es auch ist, das macht gelehrt in der Schrift
und fromm dazu.

Martin Luther (1483–1546), Reformator

Ich habe keine bessere Arznei als den Zorn.
Denn wenn ich gut schreiben, beten und predigen will,
dann muss ich zornig sein;
da erfrischt sich mein ganz Geblüt,
mein Verstand wird geschärft,
und alle Anfechtungen weichen.

Martin Luther (1483–1546), Reformator

Erasmus schadete uns mehr
durch seinen Witz
als Luther durch seinen Zorn.

Leo X. (1475–1521), Papst

Ein Mensch lerne den Zorn stillen
und ein geduldiges, sanftmütiges Herz tragen,
sonderlich gegen die,
die ihm Ursache zu zürnen geben,
das ist, gegen die Feinde.

Martin Luther (1483–1546), Reformator

Was soll uns Shakespeare, Kant und Luther?
Dem Elend dünkt ein Stückchen Butter erhabner
als der ganze Faust!

Arno Holz (1863–1929), Dichter und Dramatiker

Wider das geistlose,
sanftlebende Fleisch zu Wittenberg,
welches mit verkehrter Weise
durch den Diebstahl der Heiligen Schrift
die erbärmliche Christenheit
also ganz jämmerlichen besudelt hat.

Thomas Müntzer (1489–1525),
Pfarrer; geistlicher Führer im Bauernkrieg

Man braucht weder Luther noch Calvin,
um Gott zu lieben.

Friedrich II. (1712–1786), König von Preußen

Wenn es Kunst wäre,
mit Feuer Ketzer zu überwinden,
so wären die Henker
die gelehrtesten Doctores auf Erden.

Martin Luther (1483–1546), Reformator

Die zwei großen Kräfte der Reformation:
das Wort des Glaubens und die Musik des Herzens.

Friedrich Schorlemmer (geb. 1944), Theologe und Bürgerrechtler

Ist es denn so schlimm,
missverstanden zu werden?
Pythagoras und Sokrates
wurden missverstanden,
Christus, Luther, Kopernikus,
Galilei und Newton.

Ralph Waldo Emerson (1803–1882),
Philosoph und Schriftsteller

Was Katholiken, was Protestanten,
was Papst, was Luther?
Die Vernunft sei unser Papst,
sie sei der Reformator
des neunzehnten Jahrhunderts.

Otto von Corvin-Wiersbitzki (1812–1886),
Schriftsteller und Journalist

Ist's denn nötig,
dass wir die Art und Weise,
wie Gott wirkt, völlig begreifen?

Martin Luther (1483–1546), Reformator

Wir haben keine Zeit mehr
zu feierlichen Kirchenfesten,
in denen wir uns vor uns selbst darstellen,
wir wollen nicht mehr so Reformation feiern!
Lasst dem toten Luther endlich seine Ruhe
und hört das Evangelium, lest seine Bibel,
hört hier das Wort Gottes selbst.

Dietrich Bonhoeffer (1906–1945),
Theologe und Widerstandskämpfer

Die Heilige Schrift ist ein Fluss,
in dem ein Elefant schwimmen muss
und ein Lamm gehen kann.

Martin Luther (1483–1546), Reformator

Luthers Reformation
war unsere einzige wirkliche Revolution.

Martin Walser (geb. 1927), Schriftsteller

Unser letztes Ereignis
ist immer noch Luther,
unser einziges Buch immer noch die Bibel.

Friedrich Nietzsche (1844–1900), Philosoph

Die Reformation geht noch fort.

*Friedrich Schleiermacher (1768–1834),
Theologe und Philosoph*

Udo Hahn (Hrsg.)
Du bist mir nahe
Tagesgebete

80 Seiten | 11 x 18 cm
Hardcover
ISBN 978-3-374-04076-6
EUR 9,90 [D]

Bewusst leben, mit allen Sinnen wahrnehmen – das will jeder Mensch. Beten macht es möglich. Der evangelische Publizist Udo Hahn hat schöne und anrührende Gebete zusammengetragen, die dem Leben Tiefe geben. Sie wollen auch helfen, um vom formulierten Beten zum eigenen Gebet zu finden. So leben wir bewusster und freier.

EVANGELISCHE VERLAGSANSTALT
Leipzig www.eva-leipzig.de

Tel +49 (0) 341/ 7 11 41-16   vertrieb@eva-leipzig.de